Impressum
Verlag: BABADADA GmbH, Nedderfeld 112 , 22529 Hamburg
Geschäftsführer / Verlagsleitung: Harald Hof
Druck: Books on Demand GmbH, In de Tarpen 42, 22848 Norderstedt

Imprint
Publisher: BABADADA GmbH, Nedderfeld 112 , 22529 Hamburg, Germany
Managing Director / Publishing direction: Harald Hof
Print: Books on Demand GmbH, In de Tarpen 42, 22848 Norderstedt

chikoro

shule

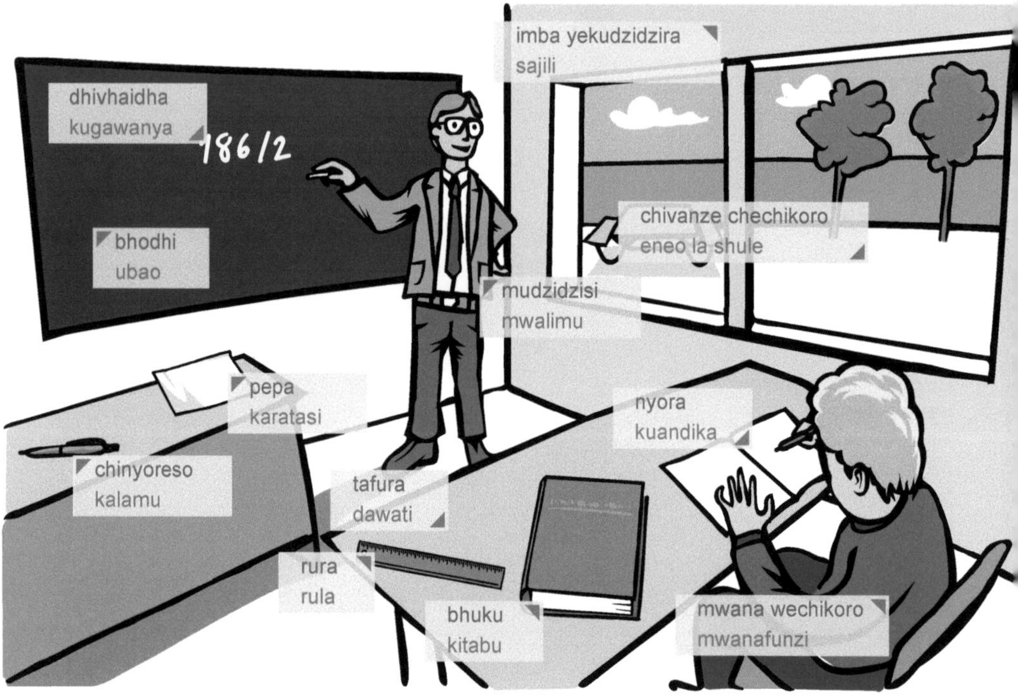
imba yekudzidzira
sajili
dhivhaidha
kugawanya
186/2
bhodhi
ubao
chivanze chechikoro
eneo la shule
mudzidzisi
mwalimu
pepa
karatasi
nyora
kuandika
chinyoreso
kalamu
tafura
dawati
rura
rula
bhuku
kitabu
mwana wechikoro
mwanafunzi

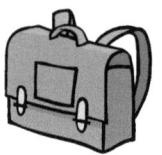

bhegi

mkoba

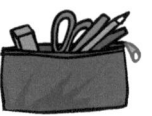

chekuchengetera mapenzura

kikasha cha penseli

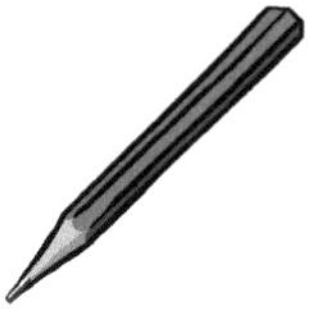

penzura

penseli

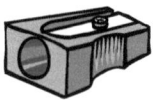

chekurodzesa mapenzura

kichonga penseli

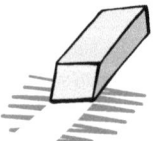

rabha

mpira

bhuku rekudhirowera mifananidzo

pedi ya kuchora

mufananidzo
wakadhirowewa
uchoraji

bhurasho rekupendesa

brashi ya rangi

bhokisi rependi

sanduku la rangi

chigero

mkasi

guruu

gundi

bhuku rekunyorera

daftari

basa rinoitirwa kumba

kazi ya nyumbani

nhamba

nambari

sanganisa

jumlisha

bvisa

ondoa

wanziridza

zidisha

kakureta

kokotoa

bhii

barua

arufabheti

alfabeti

shoko

neno

chikoro - shule

mashoko

maandishi

kuverenga

kusoma

choko

chaki

chidzidzo

somo

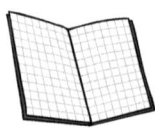

bhuku remazita

sajili

bvunzo

uchunguzi

setifiketi

cheti

yunifomu yekuchikoro

sare za shule

dzidzo

elimu

encyclopedia

elezo

yunivhesiti

chuo kikuu

maikorosikopu

darubini

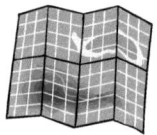

mepu

ramani

bhini remapepa

kikapu cha kuweka karatasi
chafu

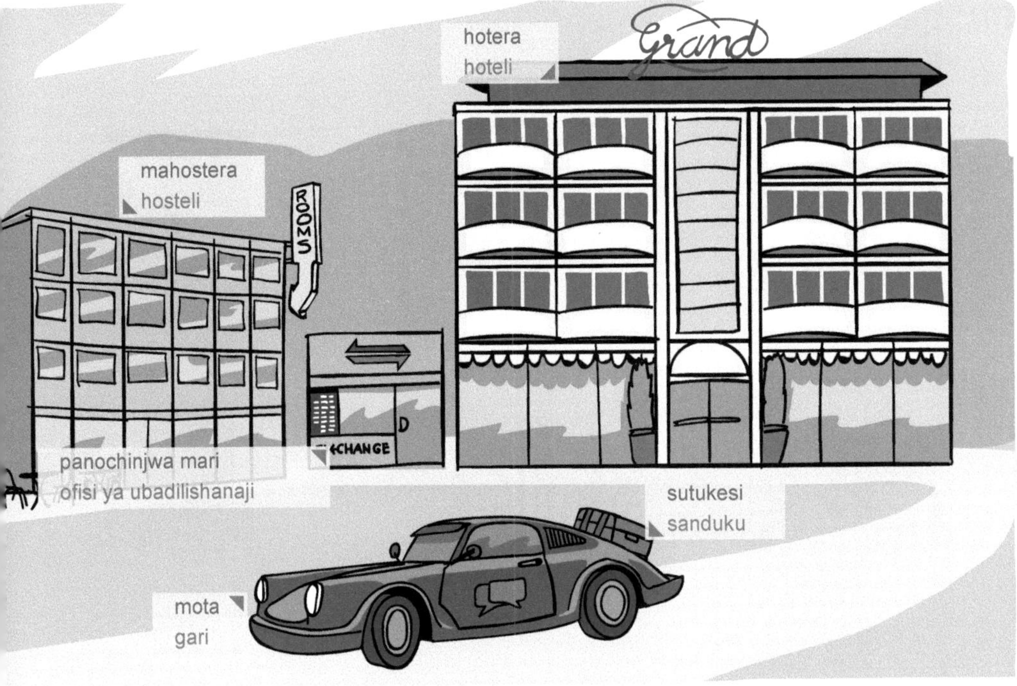
hotera
hoteli
Grand
mahostera
hosteli
ROOMS
panochinjwa mari
ofisi ya ubadilishanaji
sutukesi
sanduku
mota
gari

mutauro
lugha

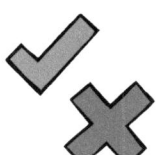

hongu / kwete
ndiyo / la

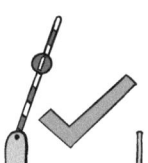

Zvakanaka
sawa

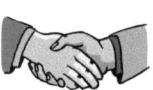

hesi
hujambo

mushanduri
mtafsiri

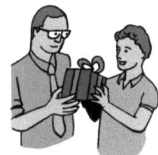

Mazvita
Asante

Imarii... ?

kiasi gani ni ...?

Handisi kunzwisisa

Sielewi

dambudziko

tatizo

Manheru!

Jioni njema!

Mangwanani!

Habari za asubuhi!

Murare zvakanaka

Usiku mwema!

toonana

kwa heri

mafambiro

mwelekeo

katundu

mizigo

bhegi

mfuko

bhegi rekumusana

shanta

muenzi

mgeni

imba

chumba

bhegi rekurarira

begi la kulalia

tendi

hema

mashoko evafambi

taarifa ya utalii

mahombekombe

ufuo

kadhi rekubhengi

kadi

kudya kwemangwanani

kifunguakinywa

kudya kwemasikati

chakula cha mchana

kudya kwemanheru

chakula cha jioni

tiketi

tiketi

chikwidzo

kuinua

chitambi

muhuri

muganhu

mpaka

vanoona nezvekupinda
munyika

mila

vamiririri venyika

ubalozi

vhiza

visa

pasipoti

pasipoti

zvifambiso

usafiri

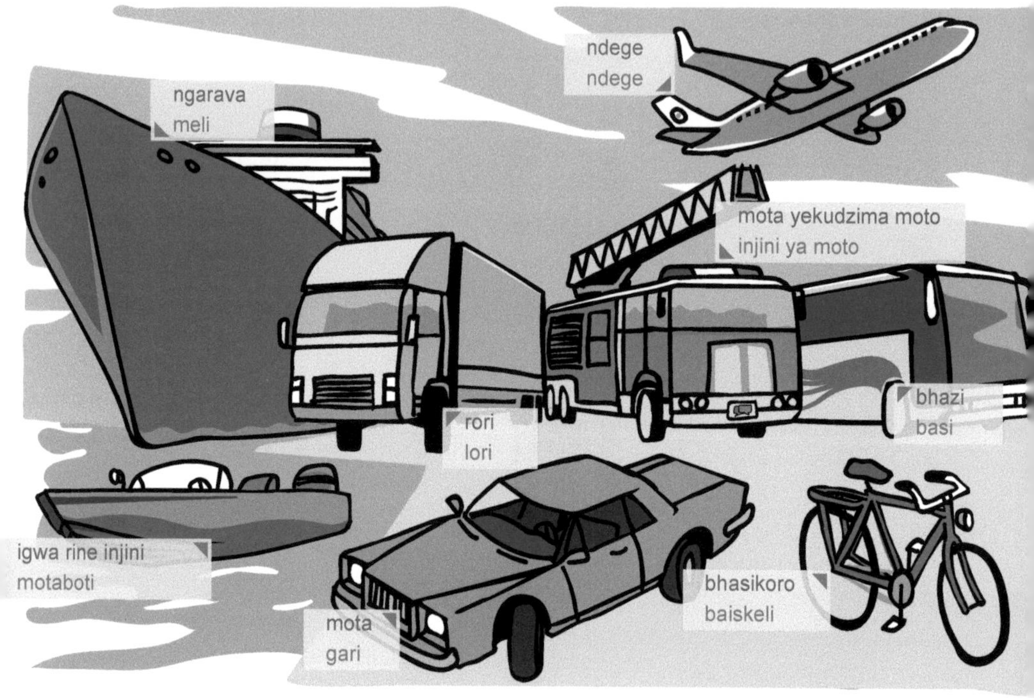
ndege
ndege
ngarava
meli
mota yekudzima moto
injini ya moto
rori
lori
bhazi
basi
igwa rine injini
motaboti
bhasikoro
baiskeli
mota
gari

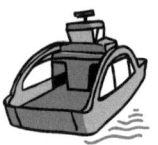

igwa

feri

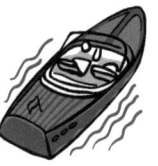

igwa

mashua

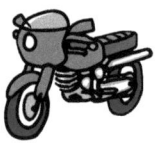

mudhudhudhu

pikipiki

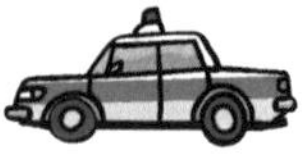

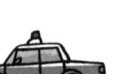

mota yemapurisa

gari la polisi

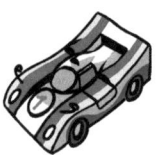

mota yemujaho

gari la mashindano

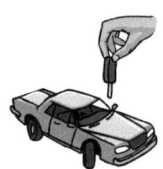

mota yekuhaya

gari la kukodisha

kuhaya mota

kushiriki gari

mota inodhonza dzinenge dzafa

lori la kuvuta

mota yemabhini

ukusanyaji taka

injini

motor

mafuta

mafuta

garaji remafuta

kituo cha mafuta

chikwangwani chemumugwagwa

ishara trafiki

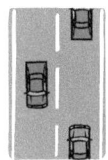

mota

trafiki

mota dzakawandisa

msongamano

panopakwa mota

maegesho

chiteshi chezvitima

kituo cha treni

njanji

reli

chitima

garimoshi

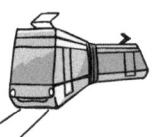

tram

tremu

chitima

gari la mizigo

chikopokopo

helikopta

nhandare yendege

uwanja wa ndege

nharire

mnara

mufambi

abiria

chikondena

chombo

kadhibhodhi bhokisi

katoni

ngoro

mkokoteni

bhasiketi

kikapu

simuka / mhara

ondoka

guta

jiji

musha

kijiji

pakati peguta

katikati ya jiji

imba

nyumba

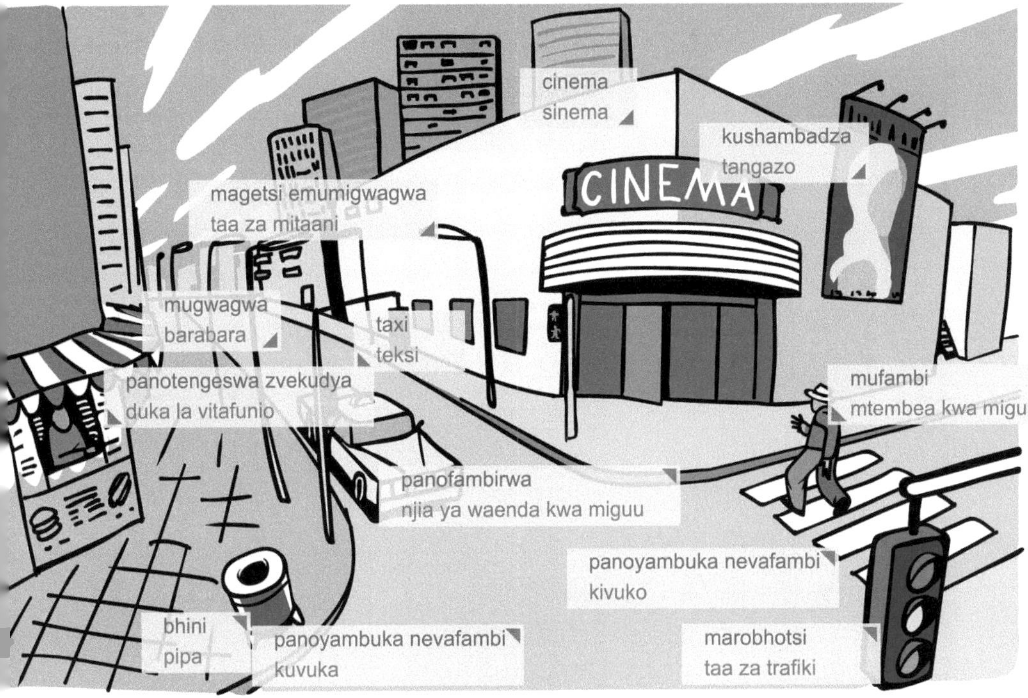
cinema
sinema
kushambadza
tangazo
magetsi emumigwagwa
taa za mitaani
CINEMA
mugwagwa
barabara
taxi
teksi
panotengeswa zvekudya
duka la vitafunio
mufambi
mtembea kwa miguu
panofambirwa
njia ya waenda kwa miguu
panoyambuka nevafambi
kivuko
bhini
pipa
panoyambuka nevafambi
kuvuka
marobhotsi
taa za trafiki

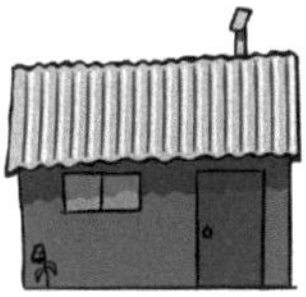

imba

kibanda

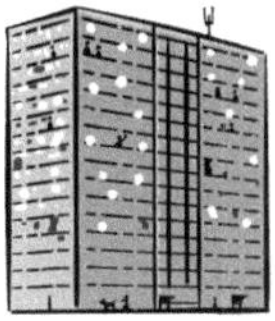

mafurati

gorofa

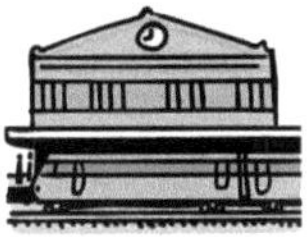

chiteshi chezvitima

kituo cha treni

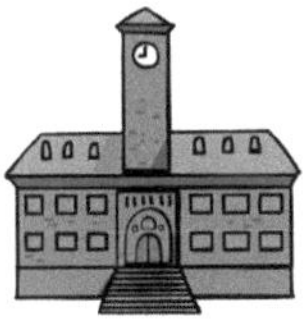

imba yeguta

ukumbi wa mji

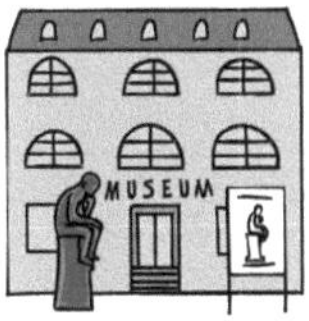
MUSEUM

muziyamu

Makavazi

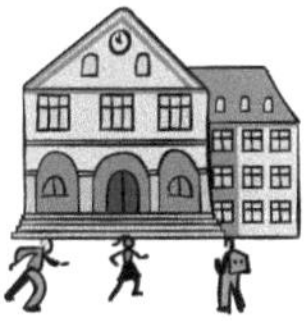

chikoro

shule

yunivhesiti

chuo kikuu

bhengi

benki

chipatara

hospitali

hotera

hoteli

panotengeswa mishonga

duka la dawa

hofisi

ofisi

chitoro chemabhuku

duka la kitabu

chitoro

duka

panotengeswa maruva

duka la maua

supamaketi

dukakuu

musika

soko

chitoro chine
madhipatimendi

idara ya kuhifadhi

panotengeswa hove

mwuza samaki

nzimbo ine zvitoro

kituo cha ununuzi

chiteshi chengarava

bandari

paki

Hifadhi

bhenji

benki

bhiriji

daraja

masitepisi

vidato

nzira inoenda nepasi

chini ya ardhi

mugwagwa wepasi

handaki

panokwirirwa mabhazi

kituo cha mabasi

bhawa

bar

resitorendi

mgahawa

bhokisi retsamba

sanduku la posta

chikwangwani chemugwagwa

ishara ya barabara

mita yekupaka

mita ya maegesho

munochengeterwa mhuka

bustani ya wanyama

kunotuhwinirwa

kidimbwi cha kuogelea

mosque

msikiti

purazi

shamba

kusvibisa

uchafuzi

kumakuva

makaburini

chechi

kanisa

pekutambira

uwanja wa michezo

temberi

hekalu

mamiriro akaita nzvimbo
mazingira

shizha
jani

chikwangwani
ishara ya mwelekeo

nzira
njia

mafuro
malisho

dombo
jiwe

mufambi
mtembeaji wa masafa

muti
mti

rwizi
mto

uswa
nyasi

ruva
ua

mupata

bonde

gomo

kilima

dhamu

ziwa

sango

msitu

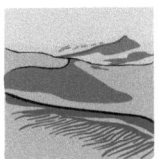

gwenga

jangwa

chikwatamabwe

volkano

zimba

ngome

muraraungu

upinde wa mvua

hohwa

uyoga

muchindwe

mtende

umhutu

mbu

nhunzi

kuruka

svosve

chungu

nyuchi

nyuki

buve

buibui

chipembenene
mende

datya
chura

tsindi
kuchakuro

nungu
nungunungu

tsuro
sungura

zizi
bundi

shiri
ndege

swan
swan

nguruve yemusango
nguruwe mwitu

nondo
kulungu

moose
aina ya kongoni

dhamu
bwawa

injini yemhepo
tabo ya upepo

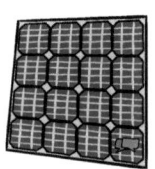

panero rezuva
nishaji ya jua

mamiriro ekunze
hali ya hewa

resitorendi
mgahawa

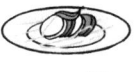

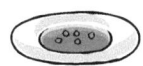

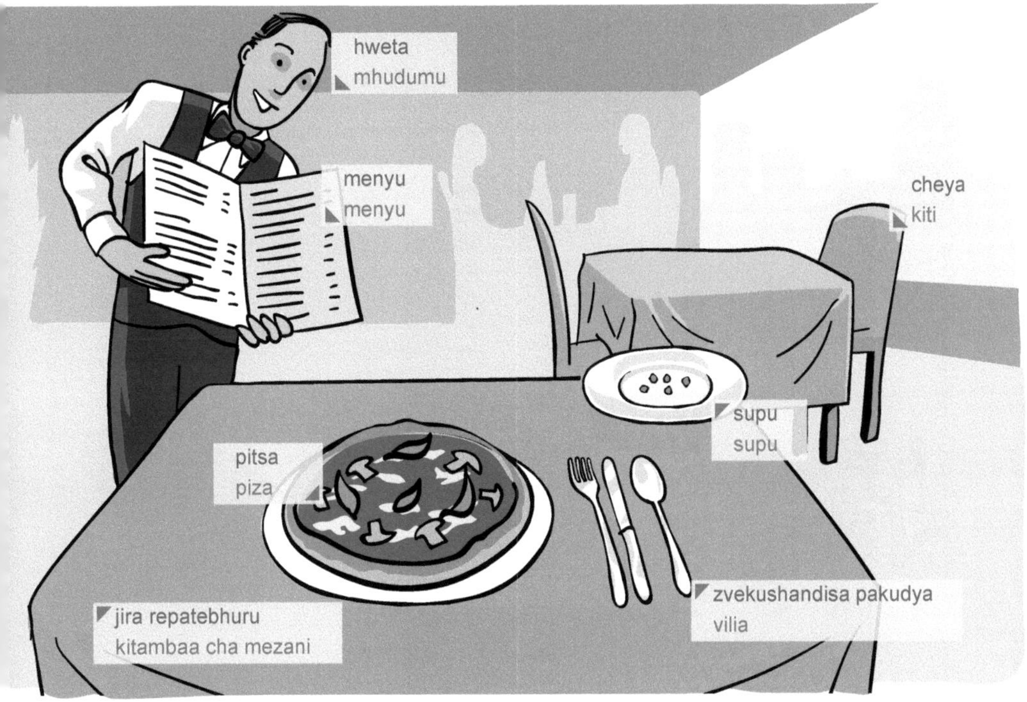
hweta
mhudumu
menyu
menyu
cheya
kiti
supu
supu
pitsa
piza
jira repatebhuru
kitambaa cha mezani
zvekushandisa pakudya
vilia

zvekusosa nzara
kiamsha hamu

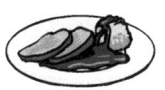

zvekudya
kozi kuu

zvekuseredzera
kitindamlo

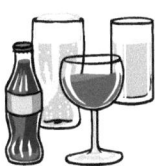

zvekunwa
vinywaji

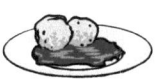

zvekudya
chakula

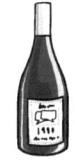

bhodhoro
chupa

zvekudya zvisingatori nguva
kubika
....
chakula cha haraka

chikafu chinotengeswa
munzira
....
Streetfood

tipoti
....
buli

gabha reshuga
....
kisanduku cha sukari

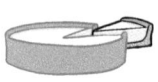

chidimbu
....
sehemu

muchina wekofi
....
mashine ya espresso

cheya yemwana
....
kiti kirefu

bhiri
....
muswada

tureyi
....
trei

banga
....
kisu

forogo
....
uma

chipunu
....
kijiko

chipunu
....
kijiko cha chai

zvekupukutisa muromo
....
nepi

girazi
....
glasi

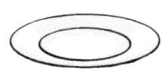

ndiro

sahani

ndiro yesupu

sahani ya supu

ndiro

sufuria

supu

mchuzi

chekuisira sauti

kichanyaji chumvi

chekugaya mhiripiri

kinu cha pilipili

vhiniga

siki

mafuta

mafuta

masipaisi

viungo

ketchup

kechapu

mustard

haradali

mayonaizi

kachumbari nzito

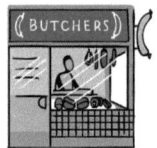

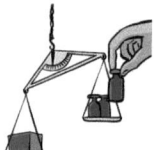

supamaketi

dukakuu

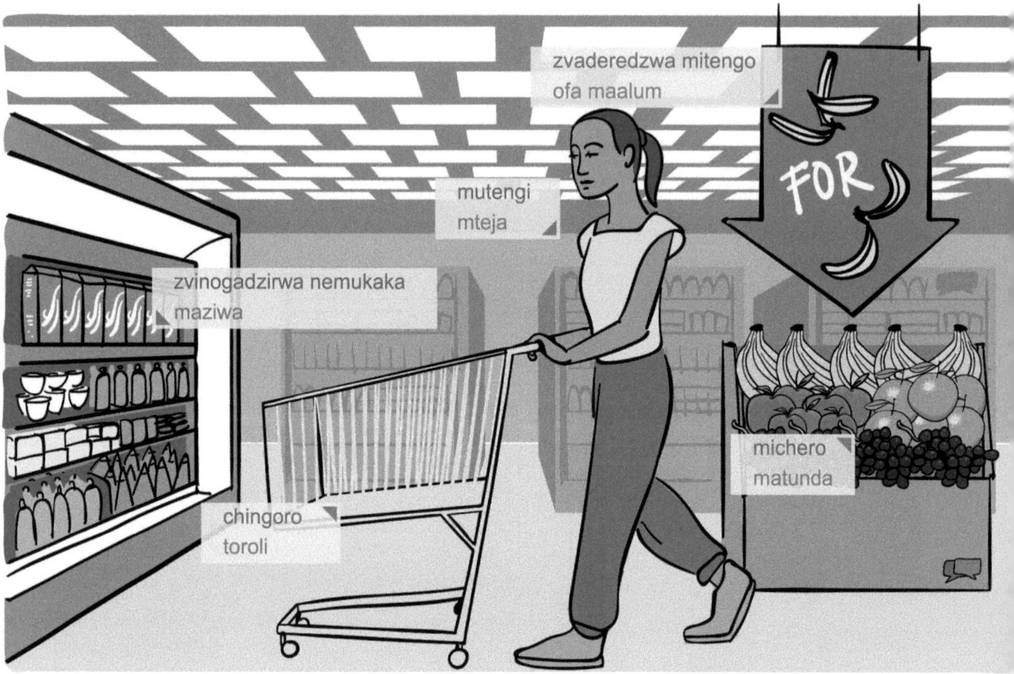

zvaderedzwa mitengo
ofa maalum
FOR
mutengi
mteja
zvinogadzirwa nemukaka
maziwa
michero
matunda
chingoro
toroli

BUTCHERS

panotengeswa nyama

mchinjaji

BAKERY

panotengeswa chingwa

mwokaji

kuyera

uzito

miriwo

mboga

nyama

nyama

zvekudya zvakaoma nechando

chakula waliohifadhiwa

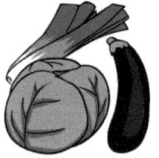

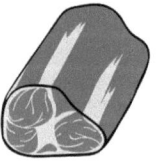

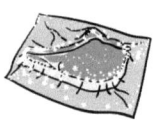

nyama yakatonhora

ipande vya nyama baridi

zvekudya zvemugaba

chakula cha kopo

sipo yeupfu yekuwachisa

sabuni ya unga

masuwiti

pipi

zvekushandisa mumba

bidhaa za kaya

zvekuchenesa nazvo

bidhaa za kusafisha

mutengesi

mtu mauzo

tiru

mpaka

mutengesi

keshia

zviri kuda kutengwa

orodha ya manunuzi

nguva dzekuvhura

masaa ya ufunguzi

chikwama

mkoba

kadhi rekubhengi

kadi

bhegi

mfuko

pepa rekuisira

mfuko wa plastiki

zvekunwa
vinywaji

mvura

maji

muto wemichero

sharubati

mukaka

maziwa

coke

coke

waini

mvinyo

doro

bia

doro

pombe

cocoa

kakao

tii

chai

kofi

kahawa

kofi

spreso

cappuccino

kapuchino

bhanana
ndizi

apuro
tufaha

orenji
machungwa

nwiwa
tikiti

ndimu
lemon

karotsi
karoti

gariki
kitunguu saumu

mushenjere
mianzi

hanyanisi
kitunguu

hohwa
uyoga

nzungu
karanga

manoodle
nudo

spaghetti

spageti

mupunga

mpunga

saradhi

saladi

machipisi

vibanzi

mbatatisi dzakafuraiwa

viazi vya kukaanga

pitsa

piza

chingwa chakaruma nyama

hambaga

sangweji

sandwichi

nhindi

kipande

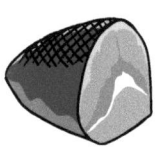

ham

paja la mnyama

salami

salami

soseji

soseji

huku

kuku

gochwa

choma

hove

samaki

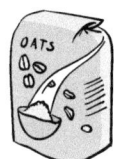

bota reoats

oats ya uji

muesli

muesli

macornflake

cornflakes

furawa

unga

croissant

kroisanti

chingwa

andazi

chingwa

mkate

chingwa chakagochwa

mkate wa kubanika

mabhisikiti

biskuti

bhata

siagi

ige

maziwa mgando

keke

keki

zai

yai

zai rakafuraiwa

yai kukaanga

chizi

jibini

zvekudya - chakula

aizikirimu

aiskrimu

shuga

sukari

huchi

asali

jemu

jemu

chocolate yekuzora

kuenea kwa chokoleti

curry

mchuzi wa viungo

zvekudya - chakula

purazi
shamba

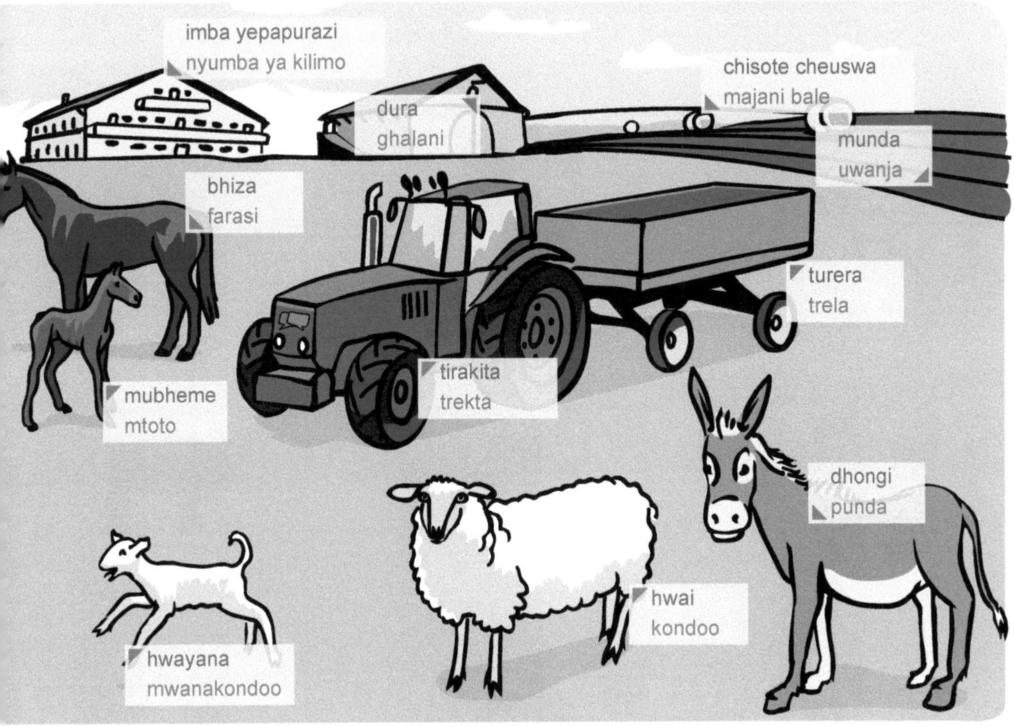
imba yepapurazi
nyumba ya kilimo
dura
ghalani
chisote cheuswa
majani bale
munda
uwanja
bhiza
farasi
turera
trela
tirakita
trekta
mubheme
mtoto
dhongi
punda
hwai
kondoo
hwayana
mwanakondoo

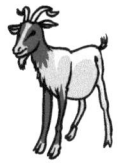

mbudzi
mbuzi

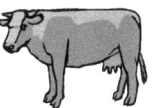

mhou
ng'ombe

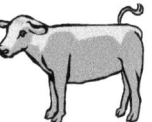

mhuru
ndama

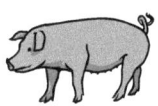

nguruve
nguruwe

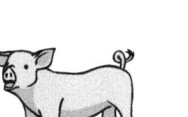

chigwi
mwananguruwe

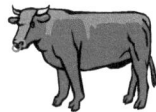

bhuru
fahali

dhadha

batabukini

dhakisi

bata

nhiyo

kifaranga

tseketsa

kuku

jongwe

jogoo

gonzo

panya

katsi

paka

mbeva

panya

dhonza

ng'ombe

imbwa

mbwa

imba yembwa

nyumba ya mbwa

pombi yemvura

bomba la bustani

keni yekudiridzisa

debe la kumwagilia maji

jeko

fyekeo

gejo

kulima

jeko

mundu

badza

jembe

forogo

uma wa nyasi

demo

shoka

bhara

toroli

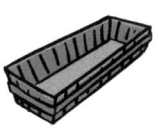

chidyiro

kupitia nyimbo

bhodhoro remukaka

chombo cha maziwa

saga

gunia

fenzi

ua

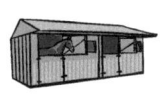

danga

imara

greenhouse

chafu

ivhu

udongo

mbeu

mbegu

fetereza

mbolea

mota yekukohwesa

kivunaji

kukohwa

mavuno

gohwo

mavuno

mbatatisi

viazi vikuu

gorosi

ngano

soya

soya

mbatatisi

viazi

chibage

mahindi

rapeseed

rapa

muti wemichero

mti wa matunda

mufarinya

muhogo

mbesa

nafaka

chimbini
chimni

denga
paa

pombi inorasa mvura
bomba la maji ya mvua

hwindo
dirisha

garaji
gareji

bhero repamusiwo
kengele ya mlangoni

musiwo
mlango

bhini remarara
pipa la taka

bhokisi retsamba
sanduku la barua

gadheni
bustani

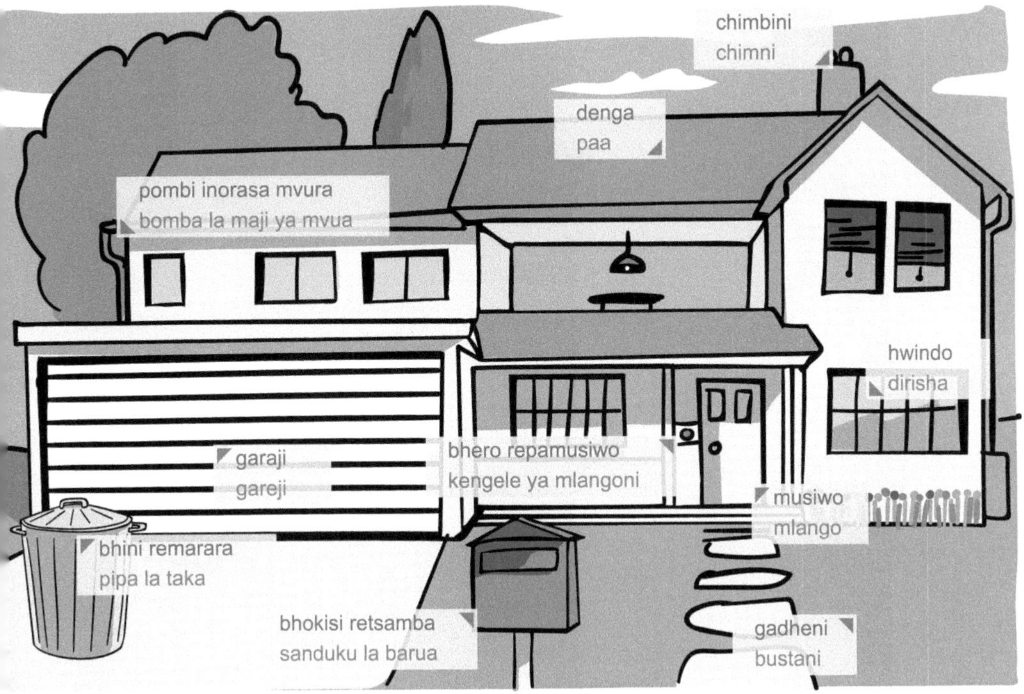

imba yekutandarira

sebuleni

mekugezera

bafu

kicheni

jikoni

imba yekurara

chumba cha kulala

imba yemwana

chumba ya mtoto

imba yekudyira

chumba cha kulia

imba - nyumba

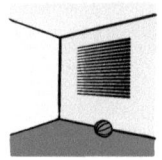

uriri
....
sakafu

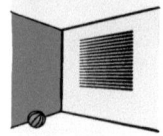

madziro
....
ukuta

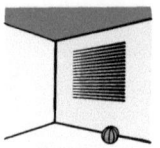

denga
....
dari

imba yepasi
....
pishi

sauna
....
sauna

vharanda repadenga
....
roshani

uriri hwepadenga
....
mtaro

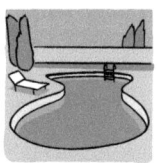

dziva rekushambira
....
kidimbwi

muchina wekuchekesa
...uswa...
mashine ya kukata nyasi

jira
....
karatasi

chekufukidza mubhedha
....
kitambaa cha kupamba
kitanda

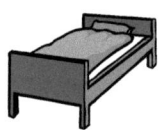

mubhedha
....
kitanda

bhurumu
....
ufagio

bhaketi
....
ndoo

suwichi
....
kubadili

imba yekutandarira

sebuleni

pepa remadziro
mandhari
pikicha
picha
rambi
taa
sherufu
rafu
kabhati
kabati
TV
televisheni/runinga
nzvimbo yemoto
mekoni
ruva
ua
kusheni
mto
sofa
sofa
vhazi
chombo cha maua
rimoti
kitenzambali

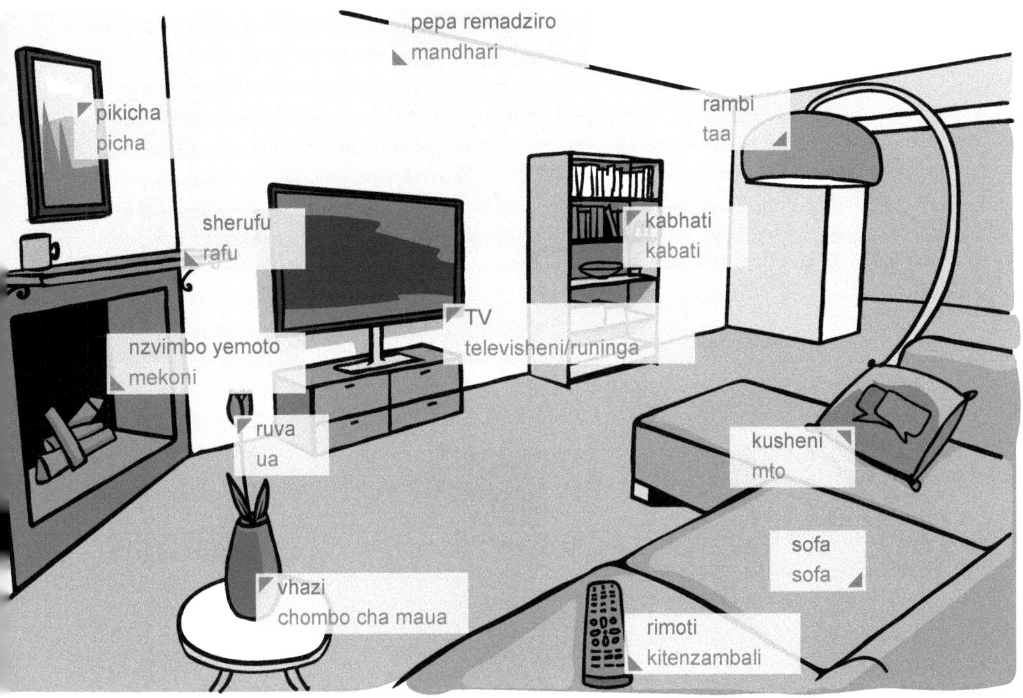

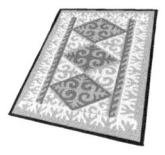

kapeti

zulia

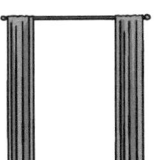

keteni

pazia

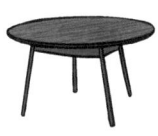

tebhuru

meza

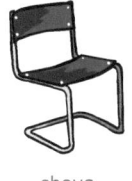

cheya

kiti

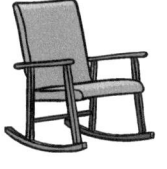

cheya inozeya

kiti cha bembea

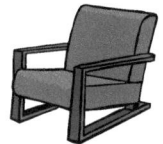

cheya ine pekuisa maoko

armchair

bhuku

kitabu

gumbeze

blanketi

marongedzero

mapambo

huni

kuni

firimu

filamu

redhiyo yehi-fi

kifaa cha hi-fi

kii

ufunguo

pepanhau

gazeti

mufananidzo

uchoraji

posita

bango

redhiyo

redio

pekunyorera

daftari

muchina wekuhuvhisa

kifyonza

chinanazi

dungusi kakati

kenduru

mshumaa

kicheni
jikoni

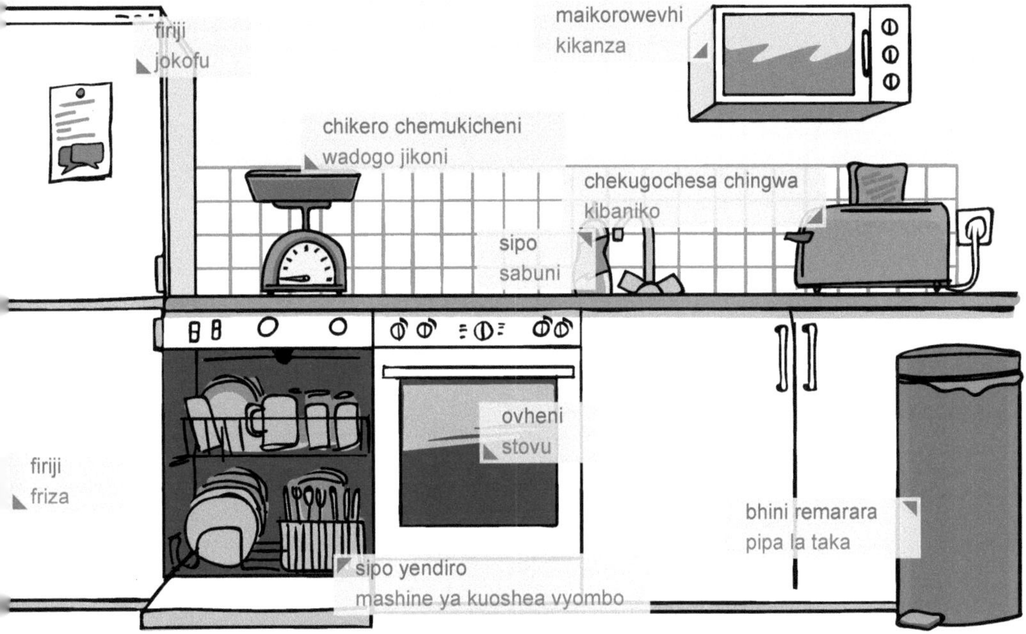
firiji
jokofu
maikorowevhi
kikanza
chikero chemukicheni
wadogo jikoni
chekugochesa chingwa
kibaniko
sipo
sabuni
ovheni
stovu
firiji
friza
bhini remarara
pipa la taka
sipo yendiro
mashine ya kuoshea vyombo

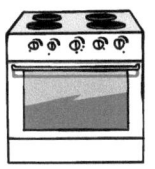

chitofu

jiko la kupika

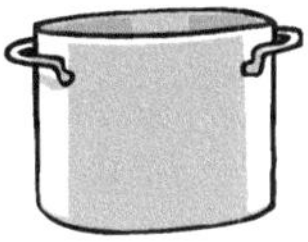

poto

chungu

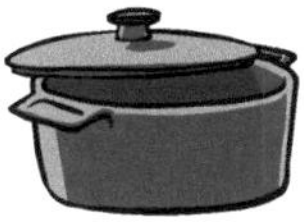

poto yesimbi

sufuria ya chuma

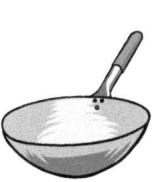

wok / kadai

wok / kadai

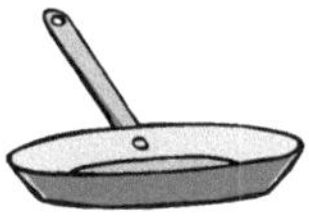

pani

kaango

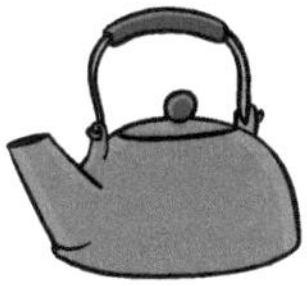

ketero

birika

chekubikisa neutsi
hwemvura

stima

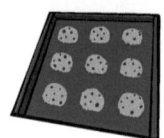

turei yekubhekesa

sinia ya kuoka

ndiro

vyombo vya udongo

kapu

kombe

dishi

bakuli

tumiti twekudyisa

vijiti vya kulia

chipunu

ukawa

chipunu

mwiko mpana

chekusanganisisa

burashi

chekukunisa

kichujio

chekukunisa

chujio

chekugiretesa

mbuzi

duri

chokaa

chiwaya

barbeque

moto

moto wazi

chekuchekera

ubao wa majaribio

chekutsimbiririsa mukanyiwa

kijiti cha kusukuma unga

chekuvhurisa mabhodhoro ewaini

kizibuo

tini

kopo

chekuvhurisa tini

inaweza kopo

girovhosi rekubatisa zvinopisa

kishikio cha chungu

singi

karo

bhurasho

brashi

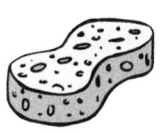

chipanji

sifongo

chinosanganisa

kisagaji matunda

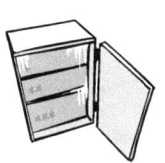

firiji

friji ya kina

bhodhoro remwana

chupa ya mtoto

pombi

bomba

mekugezera

bafu

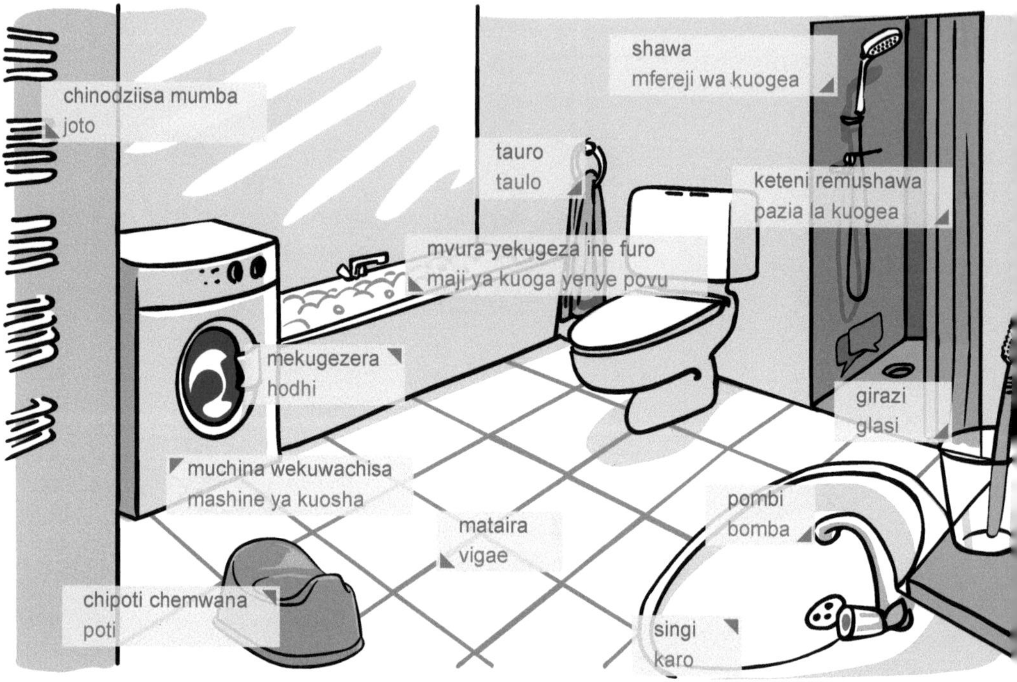

chinodziisa mumba
joto
shawa
mfereji wa kuogea
tauro
taulo
keteni remushawa
pazia la kuogea
mvura yekugeza ine furo
maji ya kuoga yenye povu
mekugezera
hodhi
girazi
glasi
muchina wekuwachisa
mashine ya kuosha
pombi
bomba
mataira
vigae
chipoti chemwana
poti
singi
karo

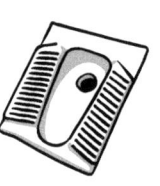

toireti
choo

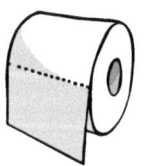

toireti yegomba
choo cha squat

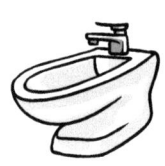

chemba
beseni la mviringo

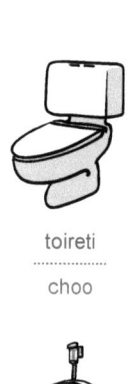

chekuitira weti chevarume
choo cha umma

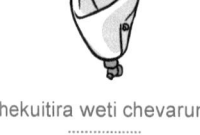

pepa remutoireti
shashi

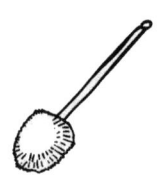

bhurasho remutoireti
brashi ya choo

bhurasho remazino

mswaki

mushonga wemazino

dawa ya meno

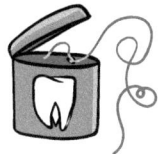

tambo yekugezesa mazino

dawa ya meno

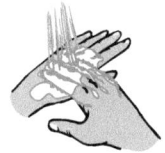

kugeza

safisha

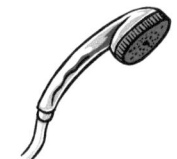

shawa yekuita zvekubata

kuoga mkono

douche

msukumo wa maji

bheseni

bonde

bhurasho remusoro

mpako wa pili

sipo

sabuni

po yekugezesa mushawa

jeli ya kuogea

shambuu

shampuu

chekugezesa

flana

dhireni

toa maji

mafuta

krimu

chinonhuwirira

kiondoa harufu

girazi

kioo

girazi remumaoko

kioo mkono

chekugeresa ndebvu

kinyozi

furo rekugeresa ndebvu

povu la kunyoa

mafuta ekuzora wagera ndebvu

baada ya kunyoa

kamu

kichana

bhurasho

brashi

chekuomesa bvudzi

kikausha nywele

mushonga wekupfapfaidza musoro

marashi ya nyewele

zvekupodesa

vipodozi

chekupendesa muromo

kidomwa

chekupendesa nzara

varnish ya msumari

donje

pamba

chigero chenzara

mkasi wa kucha

pefiyumu

manukato

40   mekugezera - bafu

bhegi rezvekugezesa

mkoba wa kuosha

chituro

kinyesi

chikero

mizani

bathrobe

nguo ya kuoga

magirovhosi erabha

glavu za mpira

tampon

kisodo

pedhi

sodo

toireti inotakurwa

kemikali choo

imba yemwana
chumba ya mtoto

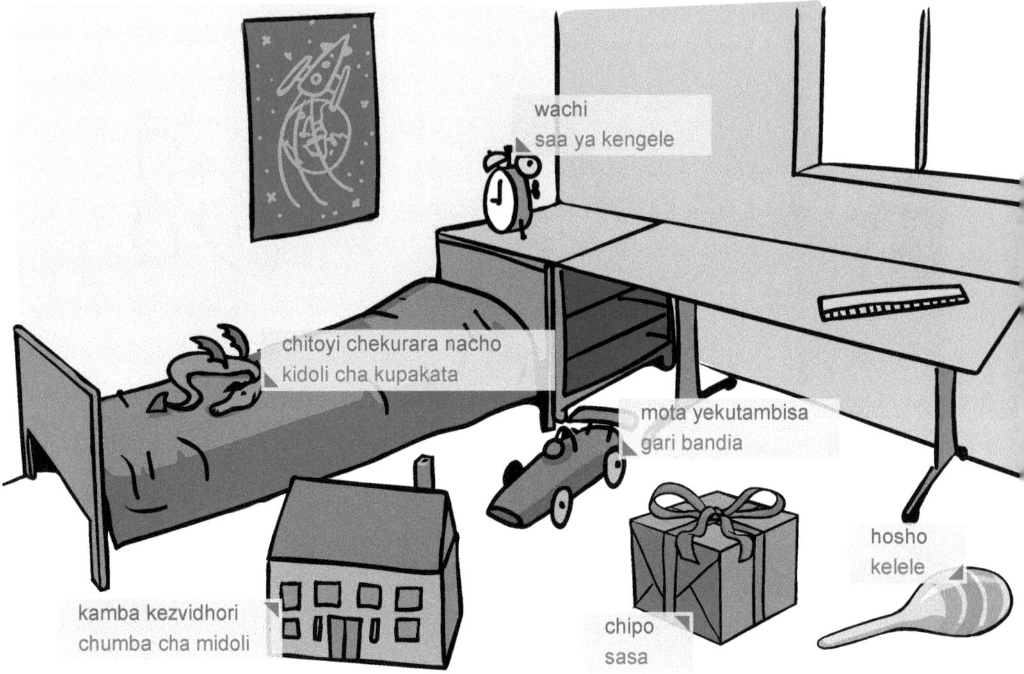
wachi
saa ya kengele
chitoyi chekurara nacho
kidoli cha kupakata
mota yekutambisa
gari bandia
hosho
kelele
kamba kezvidhori
chumba cha midoli
chipo
sasa

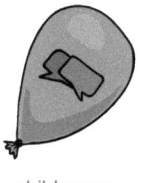

chibharuma

baluni

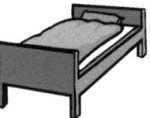

mubhedha

kitanda

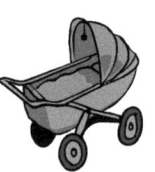

purema

mashua

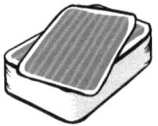

makadhi ekutamba

staha ya kadi

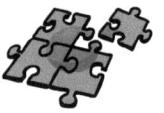

puzzle

mchezo-fumb

SUPER MEGA

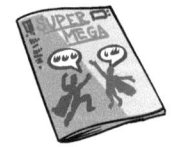

makatuni ekuverenga

vichekesho

zvekuvakisa zvinhu

matofali lego

mabhuroko ekuvakisa

vitalu mwigo

chidhori

hatua takwimu

babygrow

suti ya kulalia

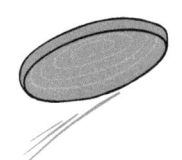

chekutambisa uchikanda

kisahani

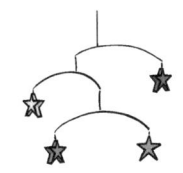

zvekuvaraidza mwana

simu

gemu rinotambirwa pabhodhi

ubao wa michezo

dhaisi

kete

zvitima zvekutambisa

garimoshi mwigo

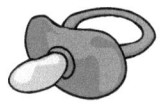

chidhami

dummy

mabiko

chama

bhuku remapikicha

picha kitabu

bhora

mpira

chidhori

kikaragosi

kutamba

kucheza

majecha ekutambira

shimo la mchanga

muzeerere

bembea

zvekutambisa

vitu bandia

chekutambisa magemu emavhidhiyo

kiweko cha video ya mchezo

kabhasikoro kemavhiri matatu

baiskeli ya magurudumu

matatu

teddy bear

mwanasesere

wadhiropu

kabati

zvipfeko

nguo

masokisi

soksi

masokisi

stokingi

matirauzi anobata muviri

kibano

sikavha
skafu

amburera
mwavuli

t-sheti
fulana

bhandi
ukanda

majombo
viatu

bhutsu
ndara

bhutsu
wakufunzi

masanduru
malapa

bhutsu
viatu

magambutsu
mabuti ya mpira

nduwe
suruali ya ndani

bhodhi
sidiria

vhesi
fulana

muviri

mwili

tirauzi

suruali

jini

dangirizi

siketi

sketi

bhurauzi

blauzi

hembe

shati

bhachi

vuta

chibhachi

sweta

bhachi

bleza

bhachi

jaketi

jasi

koti

renikoti

koti la mvua

koshitomu

maleba

dhirezi

gauni

dhirezi remuchato

mavazi ya harusi

sutu

suti

hembe yekurarisa

vazi la usiku

mapijama

pajama

chari

sari

headscarf

skafu

heti

kilemba

burqa

burka

kaftan

kaftan

abaya

abaya

hembe yekutuhwinisa

vazi la kuogelea

chikabudura

vazi la kiume la kuogelea

chikabudura

kaptura

tirekisutu

teitei

apuroni

aproni

magirovhosi

glavu

bhatani

kifungo

magirazi

glasi

bhenguru

bangili

chuma

mkufu

rin'i

pete

mhete

herini

kepisi

kofia

hen'a

kiango cha koti

heti

kofia

tai

tai

zipi

zipu

herumeti

kofia

mabhandi

kanda za suruali

yunifomu yekuchikoro

sare za shule

yunifomu

sare

zvipfeko - nguo

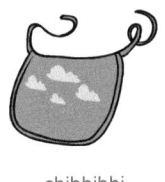

chibhibhi

bibu

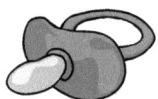

chidhami

dummy

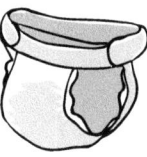

napukeni

nepi

hofisi

ofisi

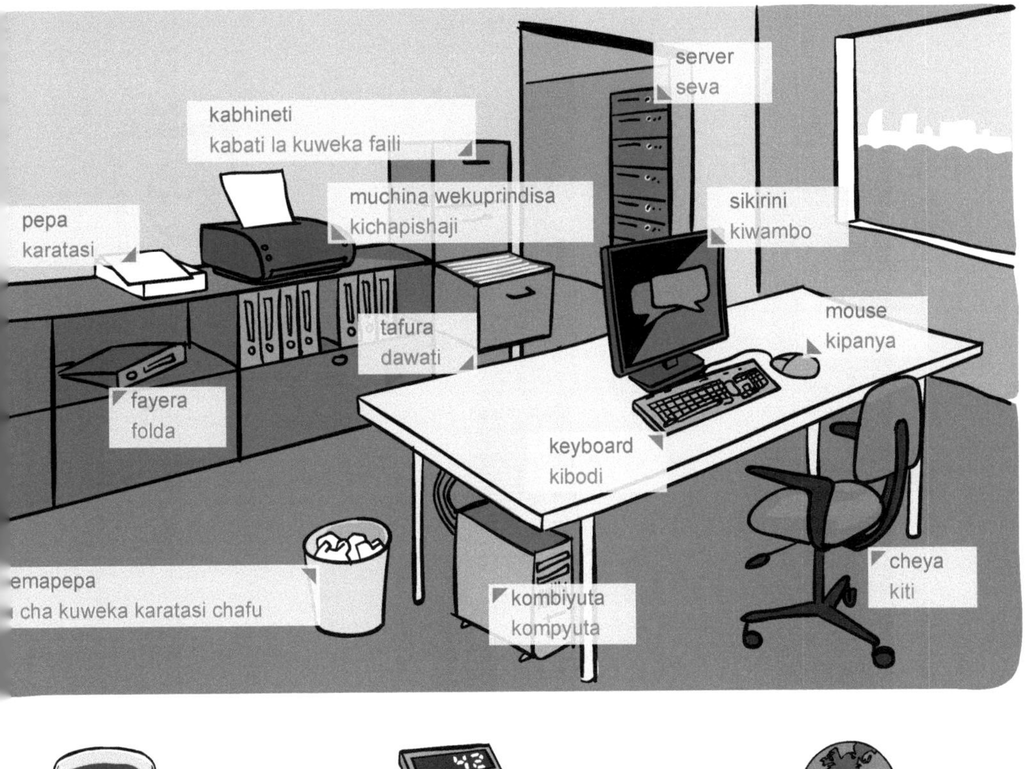
server
seva
kabhineti
kabati la kuweka faili
muchina wekuprindisa
kichapishaji
pepa
karatasi
sikirini
kiwambo
mouse
kipanya
tafura
dawati
fayera
folda
keyboard
kibodi
emapepa
cha kuweka karatasi chafu
kombiyuta
kompyuta
cheya
kiti

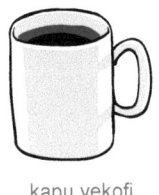

kapu yekofi

kmobe la kahawa

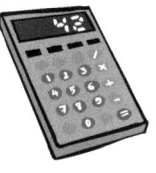

kakureta

kikokotoo

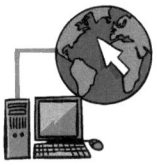

indaneti

biashara

laptop

mbali

tsamba

barua

tsamba

ujumbe

serura

rununu

network

intaneti

muchina wekufotokopesa

fotokopia

software

programu

foni

simu

pekupfekera magetsi

soketi

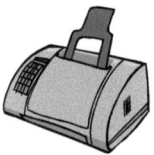

muchina wefax

kipepesi

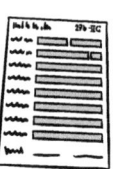

fomu

fomu

gwaro

hati

kutenga
kununua

kubhadhara
kulipa

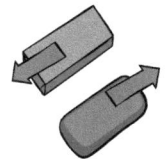

kutengesa
biashara

mari
fedha

Dhora
dola

Euro
yuro

Yen
yeni

rouble
rouble

Swiss franc
faranga ya Uswisi

renminbi yuan
renminbi yuan

rupee
rupia

panobhadharwa
eneo la kulipia

panochinjwa mari

ofisi ya ubadilishanaji

goridhe

dhahabu

sirivha

fedha

mafuta

mafuta

magetsi

nishati

mutengo

bei

chibvumirano

mkataba

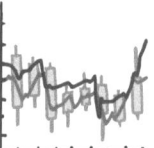

masitoku

bidhaa

mutero

kodi

kushanda

kazi

mushandi

mfanyakazi

mushandirwi

mwajiri

fekitari

kiwanda

chitoro

duka

mupurisa
afisa wa polisi

mudzimi wemoto
mzimamoto

mubiki
mpishi

chiremba
daktari

mutyairi wendege
rubani

mushandi wemugadheni

mtunza bustani

muvezi

seremala

mukadzi anosona

mshonaji

mutongi

hakimu

anoita zvemishonga

mwanakemia

ekita

muigizaji

mutyairi webhazi

dereva wa basi

mutyairi wetaxi

dereva wa teksi

muredzi

mvuvi

mudzimai anochenesa

mwanamke wa kusafisha

anogadzira denga

mwezekaji

hweta

mhudumu

muvhimi

mwindaji

anopenda

mchoraji

mubiki wechingwa

mwokaji

mugadziri wemagetsi

umeme

muvaki

mjenzi

injiniya

mhandisi

mushandi wemubhucha

mchinjaji

puramba

fundi bomba

positimeni

mwanaposta

mabasa - kazi

musoja

mwanajeshi

anoita mapurani edzimba

msanifu majengo

mutengesi

keshia

mugadziri wemaruva

muuza maua

mugadziri wemusoro

msusi

kondakita

kondakta

makanika

mekanika

kaputeni

nahodha

chiremba wemazino

daktari wa meno

musayindisti

mwanasayansi

rabbi

rabbi

imam

imamu

mumonk

mtawa

mufundisi

kasisi

maturusi
zana

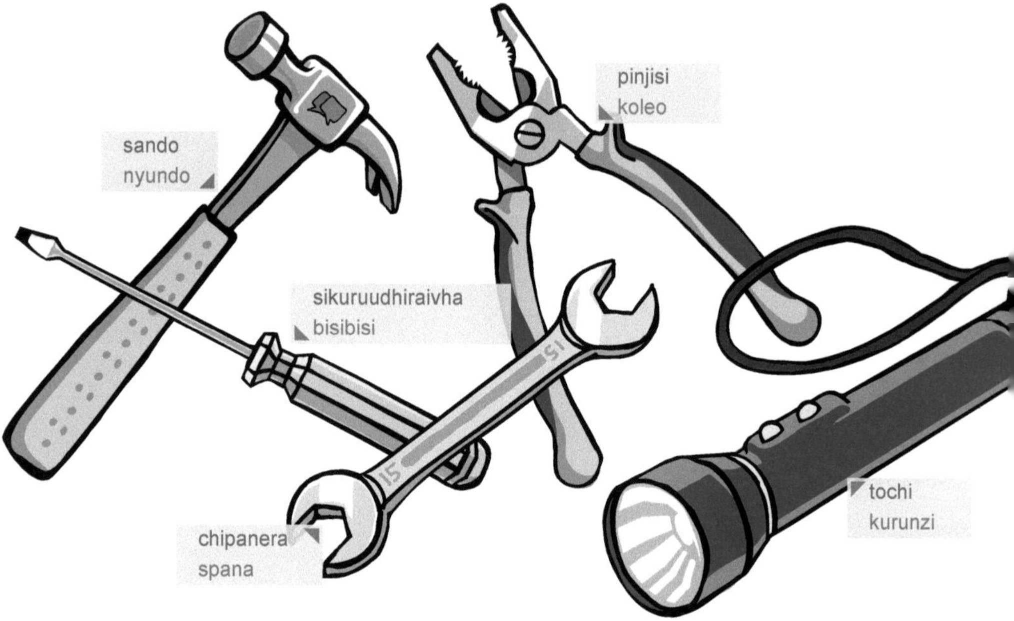
pinjisi
koleo
sando
nyundo
sikuruudhiraivha
bisibisi
tochi
kurunzi
chipanera
spana

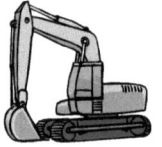

chikatapira

mchimbaji

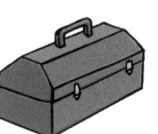

bhokisi rematurusi

sanduku la vifaa

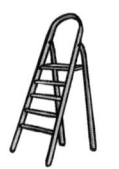

manera

ngazi

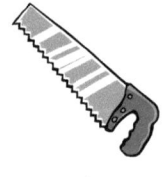

saha

msumeno

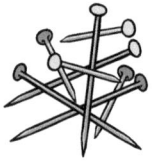

zvipikiri

misumari

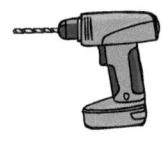

chibooreso

kuchimba visima

kugadzira

kukarabati

foshoro

sepetu

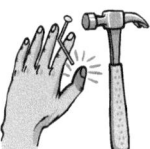

Nxa!

Lo!

chidyoreso

kishikio cha uchafu

gaba rependi

chungu cha rangi

masikuruu

skurubu

zviridzwa
ala za muziki

sipika
spika

ngoma dzakasiyana-siyana
mpangilio wa ngoma

gitare
gita

chiridzwa chebhesi
besi mara mbili

bhosvo
tarumbeta

piyano

piano

violin

fidla

gitare rebhesi

ubeji

ngoma

timpani

ngoma

ngoma

piyano yemagetsi

kibodi

saxophone

saksafoni

nyere

filimbi

maikorofoni

maikrofoni

munochengeterwa mhuka
bustani ya wanyama

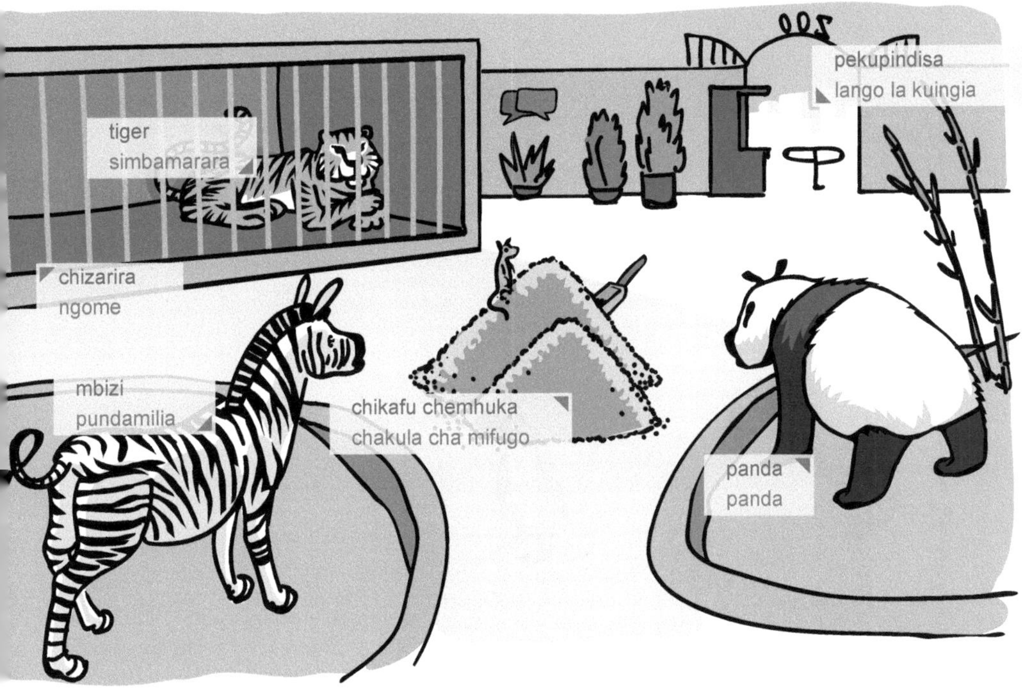

pekupindisa
lango la kuingia
tiger
simbamarara
chizarira
ngome
mbizi
pundamilia
chikafu chemhuka
chakula cha mifugo
panda
panda

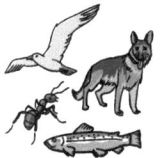

mhuka

wanyama

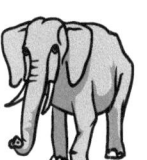

nzou

tembo

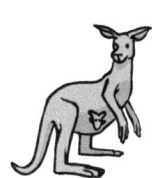

kangaruru

kangaruu

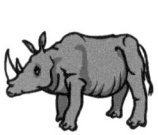

chipembere

kifaru

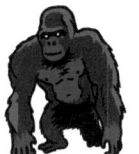

gorilla

sokwe

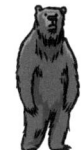

bear

dubu

ngamera

ngamia

mhou

mbuni

shumba

simba

tsoko

tumbili

flamingo

heroe

parrot

kasuku

bear rekuchando

dubu

penguin

penguini

shark

papa

pikoko

tausi

nyoka

nyoka

garwe

mamba

muchengeti wenzvimbo
yemhuka

mtunza wanyama

seal

muhuri

jaguar

jaguar

nyurusi

mwanafarasi

ingwe

chui

mvuu

kiboko

twiza

twiga

gondo

tai

nguruve yemusango

nguruwe mwitu

hove

samaki

kamba

kobe

walrus

sili

gava

mbweha

nhoro

paa

bhora rekuAmerica
soka ya marekani

kuchovha
uendeshaji baiskeli

tenisi
tenisi

bhora rebhasiketi
mpira wa kikapu

kutuhwina
kuogelea

tsiva
ndondi

hockey yemuchando
magongo ya barafuni

nhabvu
soka

badminton
vinyoya

zvekumhanya
riadha

bhora remaoko
mpira wa mikono

kuita ski
skii

polo
polo

mabasa
shughuli

kusvetuka
kuruka
kumbundira
kumbatia
kuseka
cheka
kufamba
kutembea
kuimba
kuimba
kurota
ota ndoto
kunyengetera
kuomba
kutsvoda
busu

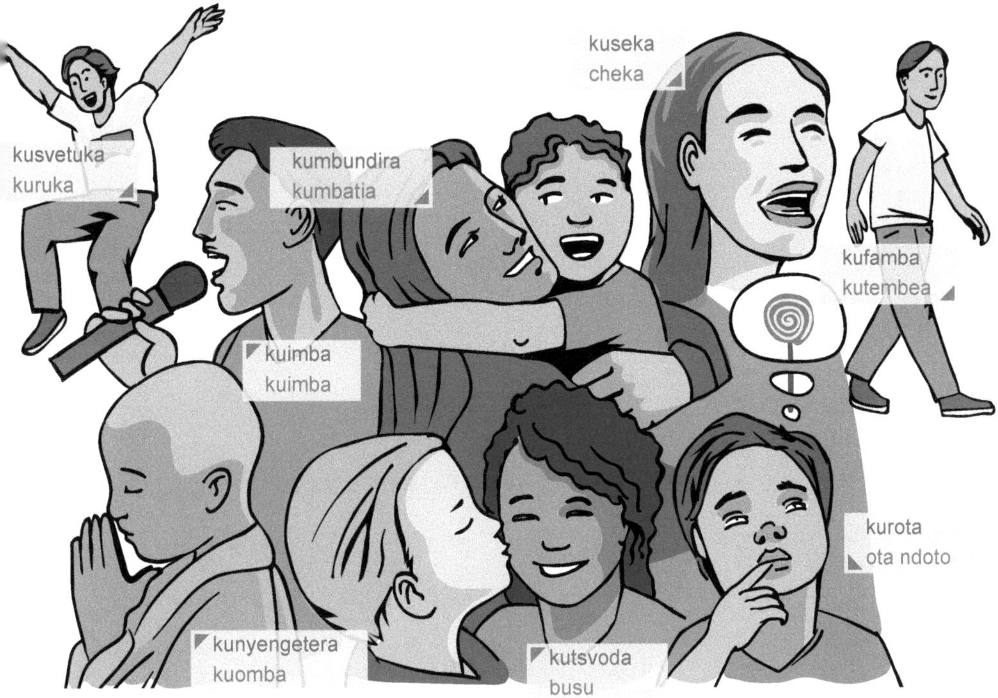

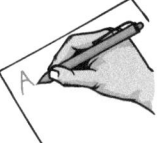

nyora
kuandika

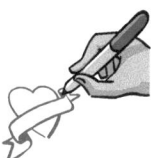

kudhirowa
kuteka

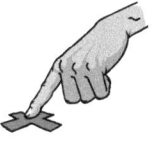

kuratidza
angalia

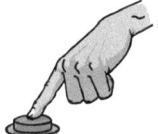

kusunda
sukuma

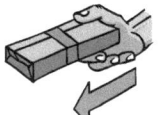

kupa
kutoa

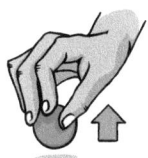

kutora
kuchukua

kuva ne
kuwa

kuita
fanya

kuva
kuwa

kumira
kusimama

kumhanya
kukimbia

kudhonza
vuta

kukanda
kutupa

kudonha
kuanguka

kurara
hadaa

kumirira
kusubiri

kutakura
kubeba

kugara
kukaa

kupfeka
vaa nguo

kurara
usingizi

kumuka
kuamka

kutarisa

kuangalia

kuchema

lia

kupuruzira

kiharusi

kukama

chana nywele

kutaura

ongea

kunzwisisa

kuelewa

kubvunza

kuuliza

kuteerera

kusikiliza

kunwa

kunywa

kudya

kula

kuchenesa

nadhifisha

kuda

upendo

kubika

mpishi

kutyaira

gari

kubhururuka

kuruka

kufambiswa nemhepo

meli

kakureta

kokotoa

kuverenga

kusoma

kudzidza

kujifunza

kushanda

kazi

kuroora / kuroorwa

kuoa

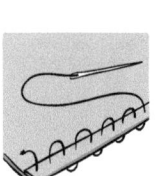

kusona

kushona

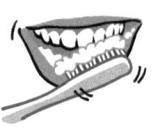

kukwesha mazino

piga mswaki

kuuraya

kuua

kuputa

moshi

kutumira

kutuma

mhuri
familia

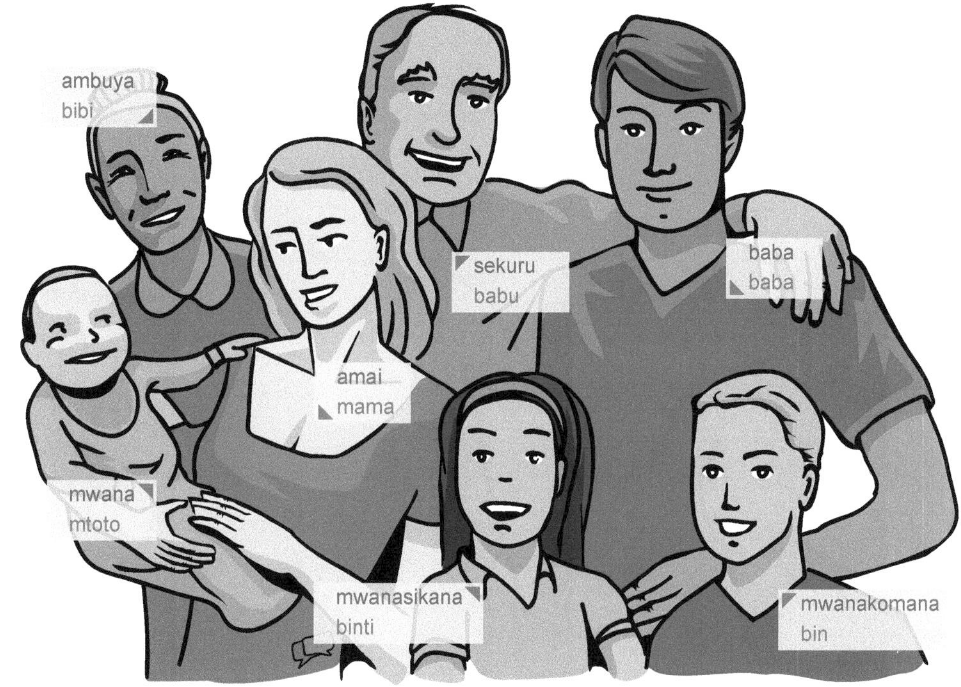
ambuya
bibi
sekuru
babu
baba
baba
amai
mama
mwana
mtoto
mwanasikana
binti
mwanakomana
bin

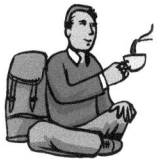

muenzi
mgeni

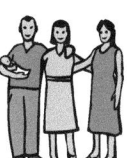

tete
shangazi

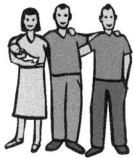

sekuru
mjomba

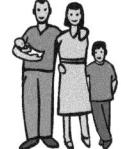

hanzvadzikomana
kaka

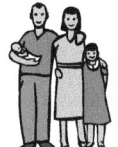

hanzvadzisikana
dada

muviri
mwili

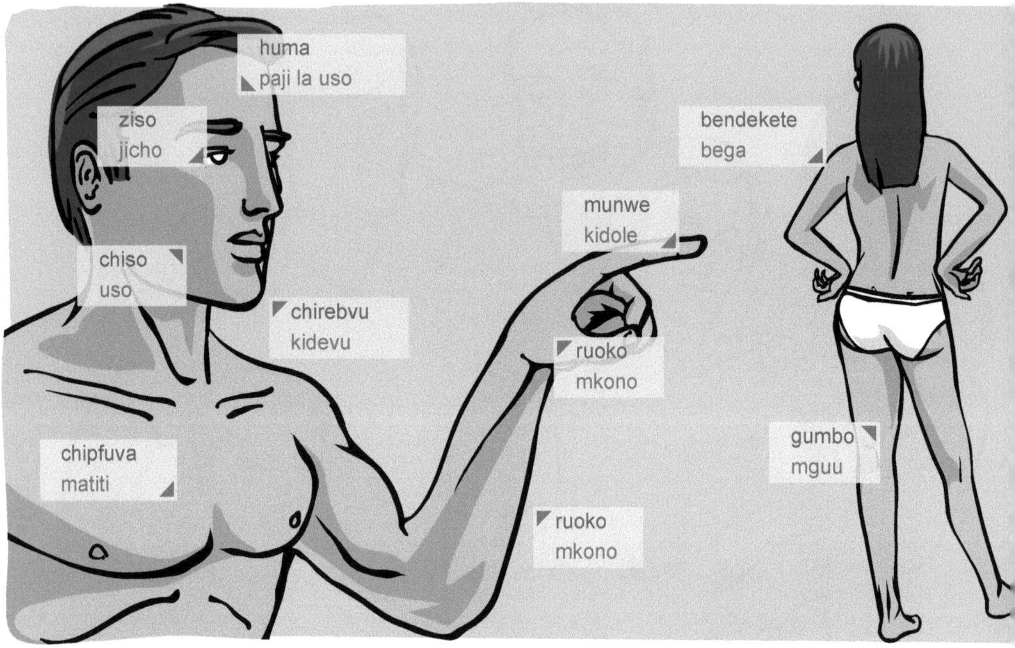
huma
paji la uso
ziso
jicho
bendekete
bega
munwe
kidole
chiso
uso
chirebvu
kidevu
ruoko
mkono
gumbo
mguu
chipfuva
matiti
ruoko
mkono

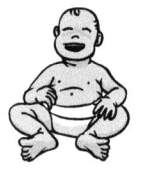

mwana
mtoto

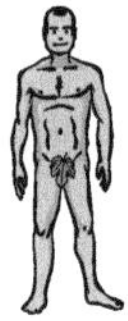

murume
mwanamume

mukadzi
mwanamke

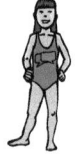

musikana
msichana

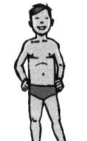

mukomana
mvulana

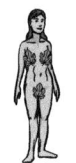

musoro
kichwa

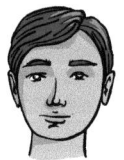

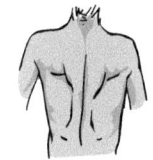

musana

nyuma

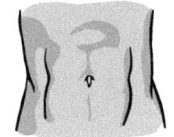

dumbu

tumbo

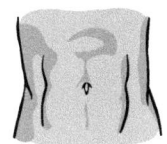

guvhu

kitovu

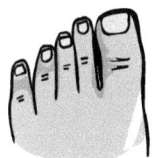

chigunwe

chano

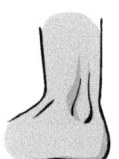

chitsitsinho

kisigino

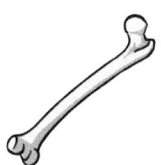

bhonzo

mfupa

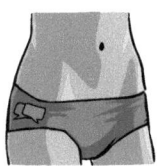

hudyu

nyonga

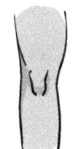

ibvi

goti

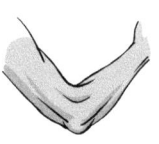

gokora

kiwiko

mhino

pua

garo

chini

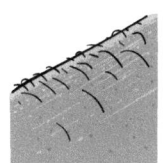

ganda

ngozi

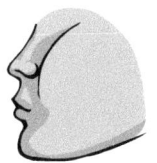

dama

shavu

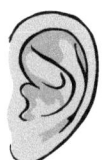

nzeve

sikio

muromo

mdomo

mukanwa

kinywa

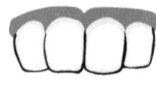

zino

jino

rurimi

ulimi

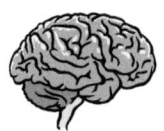

uropi

ubongo

mwoyo

moyo

tsandanyama

misuli

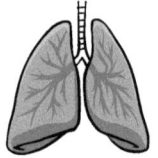

bapu

pafu

chitaka

ini

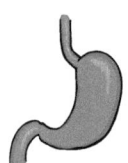

dumbu

tumbo

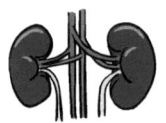

itsvo

figo

kuita bonde

jinsia

kondomu

kondomu

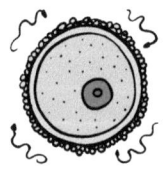

zai

ovari

urume

shahawa

nhumbu

mimba

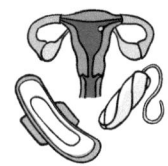

kuenda kumwedzi
....
hedhi

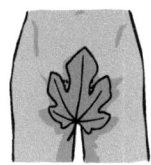

sikarudzi
....
uke

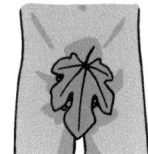

mboro
....
uume

tsiye
....
unyusi

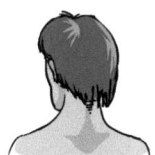

bvudzi
....
nywele

mutsipa
....
shingo

chipatara
hospitali

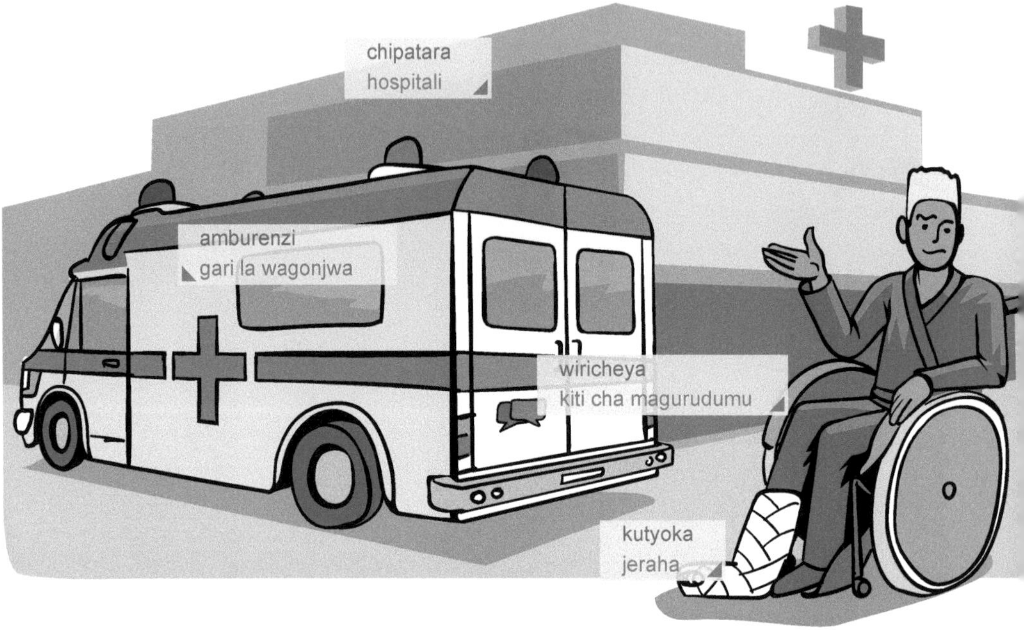

chipatara
hospitali
amburenzi
gari la wagonjwa
wiricheya
kiti cha magurudumu
kutyoka
jeraha

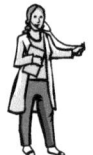

chiremba

daktari

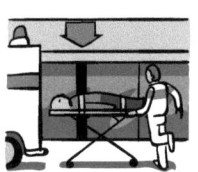

imba yerubatsiro

chumba cha dharura

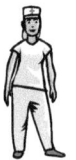

nesi

muuguzi

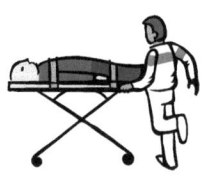

zvekukurumidza

dharura

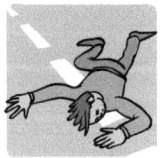

kufenda

kupoteza fahamu

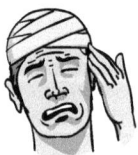

rwadza

maumivu

kukuvara
kuumia

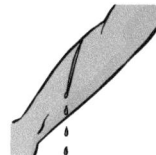

kubuda ropa
kutokwa na damu

kuerekana mwoyo
usisashandi
mshtuko wa moyo

kuoma rutivi
kiharusi

zvinorwarisa
mzio

chikosoro
kikohozi

fivha
homa

furuu
mafua

manyoka
kuharisha

kutemwa nemusoro
maumivu ya kichwa

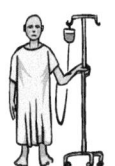

mhuka
kansa

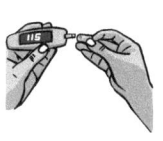

chirwere cheshuga
ugonjwa wa kisukari

muvhiyi
daktari mpasuaji

kabanga keoparesheni
kisu kidogo cha kupasulia

oparesheni
operesheni

CT

picha changanufu ya mwili

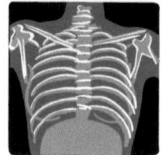

x-ray

Eksrei

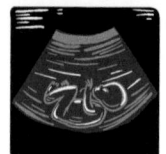

ultrasound

mawimbi sauti

chekuvharisa mhino nemuromo

barakoa ya uso

chirwere

ugonjwa

mekumirira kurapiwa

chumba cha kusubiri

chidhondoro

mkongojo

purasita

plasta

bhandiji

bendeji

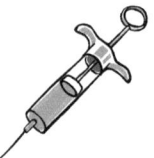

jekiseni

sindano

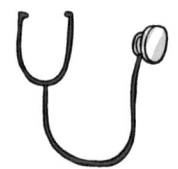

chekuteerera nacho mukati

stetoskopu

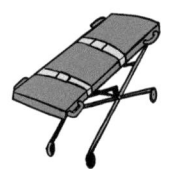

kamubhedha kemurwere

machela

chekutoresa nacho tembiricha

kipimajoto cha kliniki

kuzvara

kuzaliwa

kufuta

unene kupita kiasi

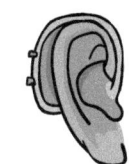

chekubatsira kunzwa

kusikia misaada

mushonga unouraya
utachiona

kipukusi

utachiona

maambukizi

vhairasi

virusi

HIV / AIDS

VVU / UKIMWI

mushonga

dawa

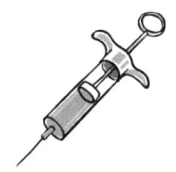

kudzivirira zvirwere

chanjo

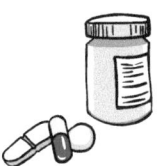

mapiritsi

vidonge

piritsi

kidonge

kufonera rubatsiro ipapo
ipapo

simu ya dharura

muchina wekuyeresa BP

haemodainamometa

kurwara / kugwinya

mgonjwa / mwenye afya

bhero
....
kengele

kurwisa
....
pigo

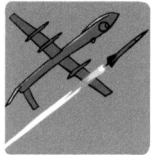

kurwisa
....
shambulizi

ngozi
....
hatari

pekupuda napo zvechimbi-
chimbi
....
lango la dharura

Maiwe!
....
Msaada!

Moto!
....
Moto!

chekudzimisa moto
....
kizima moto

tsaona
....
ajali

zvinhu zvefirst aid
....
vifaa vya huduma ya
kwanza

SOS
....
wito wa msaada

mapurisa
....
polisi

Europe

Ulaya

Kuchamhembe kweAmerica

Amerika ya Kaskazini

Kumaodzanyemba kweAmerica

Amerika ya Kusini

Africa

Afrika

Asia

Asia

Australia

Australia

Atlantic

Atlantiki

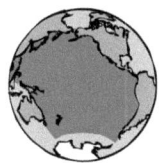

Pacific

Pasifiki

Nyanza yeIndia

Bahari ya Hindi

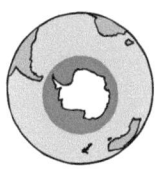

Nyanza yeAntarctic

Bahari ya Antaktiki

Nyanza yeArctic

Bahari ya Aktiki

Kuchamhembe

Ncha ya Kaskazini

Kumaodzanyemba

Ncha ya Kusini

Antarctica

Antaktika

Nyika

dunia

nyika

nchi

gungwa

bahari

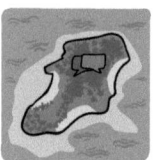

chitsuwa

kisiwa

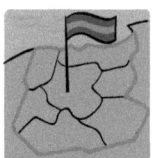

nyika

taifa

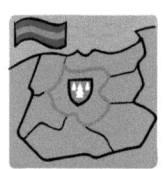

nyika

jimbo

wachi

uso wa saa

chinongedza awa

akrabu ya saa

chinongedza miniti

akrabu ya dakika

chinongedza masekondi

akrabu ya sekunde

Inguvai?

Ni saa ngapi?

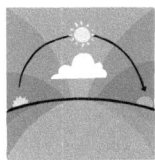

zuva

siku

nguva

wakati

izvozvi

sasa

wachi yemanhamba

saa ya dijitali

miniti

dakika

awa

saa

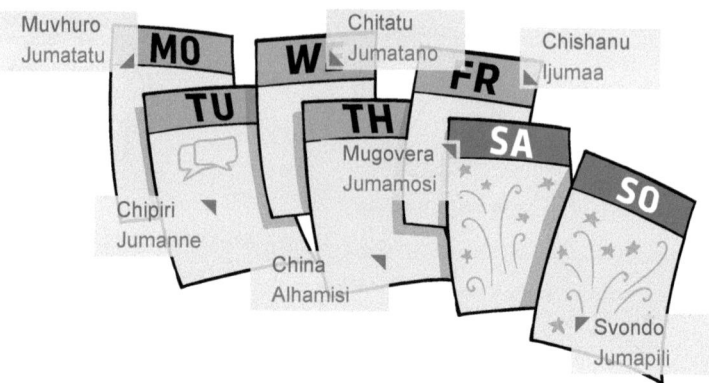

Muvhuro / Jumatatu — **MO**

W / Chitatu / Jumatano

Chishanu / Ijumaa — **FR**

TU

TH

Mugovera / Jumamosi — **SA**

Chipiri / Jumanne

SO

China / Alhamisi

Svondo / Jumapili

nezuro

jana

nhasi

leo

mangwana

kesho

mangwanani

asubuhi

masikati

saa sita mchana

manheru

jioni

MO	TU	WE	TH	FR	SA	SU
1	2	3	4	5	6	7
8	9	10	11	12	13	14
15	16	17	18	19	20	21
22	23	24	25	26	27	28
29	30	31	1	2	3	4

mazuva ebasa

siku za biashara

MO	TU	WE	TH	FR	SA	SU
1	2	3	4	5	6	7
8	9	10	11	12	13	14
15	16	17	18	19	20	21
22	23	24	25	26	27	28
29	30	31	1	2	3	4

kupera kwevhiki

mwishoni mwa wiki

mvura
mvua

muraraungu
upinde wa mvua

chando
theluji

mhepo
upepo

chirimo
majira ya machipuko

matsutso
vuli

zhizha
kiangazi

chando
majira ya baridi

4.APRIL	11°	☀
5.APRIL	4°	🌧
6.APRIL	13°	🌧
7.APRIL	8°	❄
8.APRIL	10°	☀

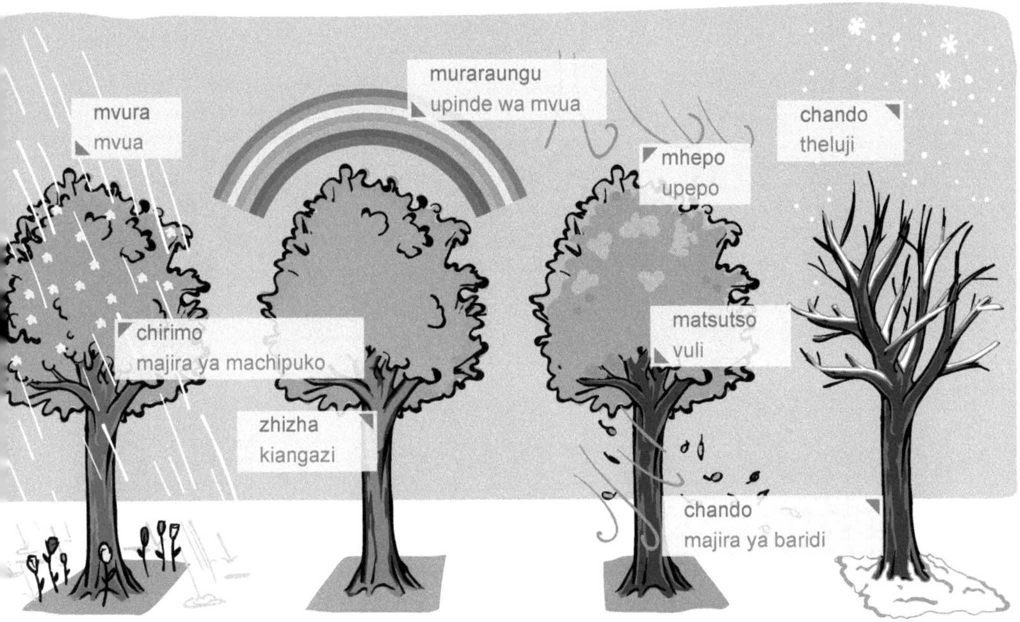

mamiriro ekunze
anofungidzirwa
················
utabiri wa hali ya hewa

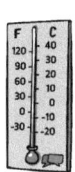

chekutoresa tembiricha
················
kipimajoto

zuva
················
mwanga wa jua

makore
················
wingu

mhute
················
ukungu

hunyoro
················
unyevu

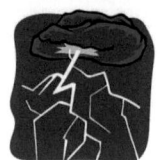

mheni

umeme

kutinhira

radi

dutu

dhoruba

chivhuramabwe

mvua ya mawe

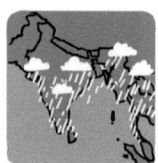

mhepo ine mvura

monsuni

mafashamo

mafuriko

mazaya echando

barafu

Ndira

Januari

Kukadzi

Februari

Kurume

Machi

Kubvumbi

Aprili

Chivabvu

Mei

Chikumi

Juni

Chikunguru

Julai

Nyamavhuvhu

Agosti

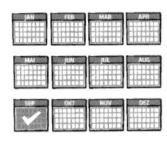

Gunyana

Septemba

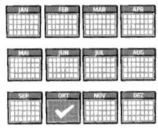

Gumiguru

Oktoba

Mbudzi

Novemba

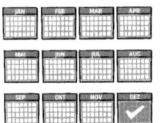

Zvita

Desemba

mashepu
maumbo

denderedzwa

mduara

sikweya

mraba

rectangle

mstatili

triangle

pembetatu

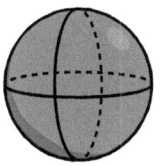

bhora

nyanja

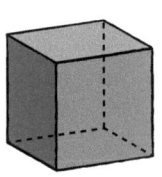

bhokisi

mchemraba

chena
nyeupe

yero
manjano

orenji
chungwa

pingi
rangi ya waridi

tsvuku
nyekundu

pepuru
hudhurungi

bhuruu
bluu

girini
kijani

kaki
hanja

gireyi
jivujivu

nhema
nyeusi

zvakawanda / zvishoma

mengi / kidogo

hasha / dzikama

hasira / pole

naka / shata

nzuri / mbaya

kutanga / kuguma

mwanzo / mwisho

hombe / diki

kubwa / ndogo

jeka / rima

angavu / giza

hanzvadzikomana /
hanzvadzisikana

kaka / dada

chena / sviba

safi / chafu

kwana / kusakwana

kamilika / tokamilika

masikati / usiku

siku / usiku

yakafa / mhenyu

wafu / hai

pamhamha / tetepa

pana / nyembamba

unodyiwa / haudyiwi

kulika / kutolika

utsinye / mutsa

ovu / ema

kunakidzwa / kufinhwa

sisimkwa / udhika

kobvuka / tetepa

nene / nyembamba

kutanga / kupedzisira

kwanza / mwisho

shamwari / muvengi

rafiki / adui

rakazara / hairina kuzara

jaa / tupu

oma / pfava

ngumu / laini

rema / reruka

nzito / nyepesi

nzara / nyota

njaa / kiu

kurwara / kugwinya

mgonjwa / mwenye afya

zvisiri pamutemo / zviri pamutemo

haramu / kisheria

kungwara / kupusa

akili / kijinga

ruboshwe / rudyi

kushoto / kulia

pedyo / kure

karibu / mbali

matsva / matsaru

mpya / kutumika

hapana / chiripo

kitu / jambo

kuru / duku

zee / changa

batidza/dzima

waka / zima

vhurika / vharika

wazi / fungwa

nyarara / ruzha

utulivu / kelele

mupfumi / murombo

tajiri / masikini

chakanaka / chakaipa

sahihi / kosa

kukasharara / kutsvedzerera

mbaya / laini

kusuwa / kufara

huzunika / furahia

pfupi / refu

fupi /ndefu

nonoka / kurumidza

polepole / haraka

nyoro / oma

nyevu / kavu

dziya / tonhora

joto / baridi

hondo / rugare

vita / amani

0
zero

sufuri

1
potsi

moja

2
piri

mbili

3
tatu

tatu

4
ina

nne

5
shanu

tano

6
nhanhatu

sita

7
nomwe

saba

8
sere

nane

9
pfumbamwe

tisa

10
gumi

kumi

11
gumi neimwe

kumi na moja

12

gumi nembiri

kumi na mbili

13

gumi netatu

kumi na tatu

14

gumi neina

kumi na nne

15

gumi neshanu

kumi na tano

16

gumi nenhanhatu

kumi na sita

17

gumi nenomwe

kumi na saba

18

gumi nesere

kumi na nane

19

gumi nepfumbamwe

kumi na tisa

20

makumi maviri

ishirini

100

zana

mia

1.000

chiuru

elfu

1.000.000

miriyoni

milioni

Chirungu

Kiingereza

Chirungu chekuAmerica

Kiingereza cha Marekani

Mandarin yekuChina

Kimandarini cha Uchina

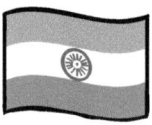

ChiHindi

Kihindi

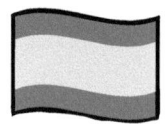

ChiSpanish

Kihispania

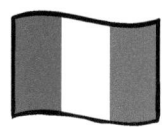

ChiFrench

Kifaransa

ChiArabic

Kiarabu

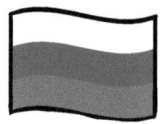

ChiRussian

Kirusi

ChiPortuguese

Kireno

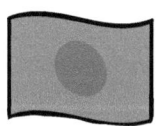

ChiBengali

Kibengali

ChiGerman

Kijerumani

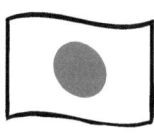

ChiJapanese

Kijapani

ini
mimi

iwe / imi
wewe

iye
yeye / yeye / ni

isu
sisi

imi
wewe

ivo
wao

ani?
nani?

chii?
nini?

sei?
jinsi gani?

kupi?
wapi?

riini?
lini?

zita
jina

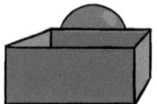

seri

nyuma

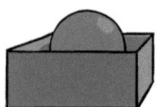

mukati

katika

pamberi

mbele ya

nepamusoro

juu ya

pamusoro

kwenye

pasi

chini ya

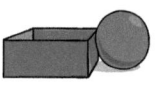

divi

kando

pakati

kati

nzvimbo

mahali